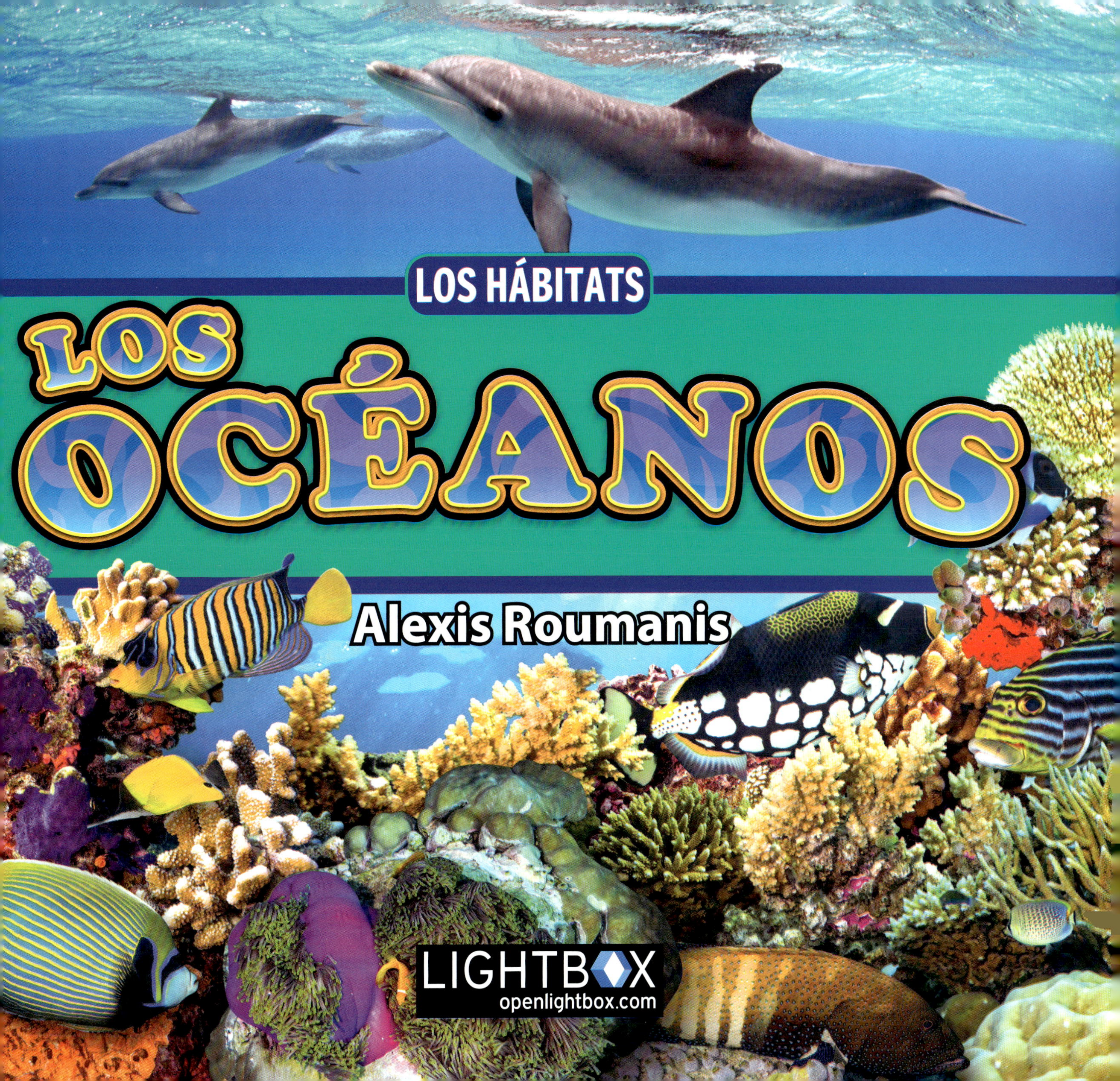
LOS HÁBITATS
LOS OCÉANOS
Alexis Roumanis
LIGHTBOX
openlightbox.com

LIGHTBOX

Entre a **www.openlightbox.com** e ingrese el código único de este libro.

CÓDIGO DE ACCESO

LBY48865

Lightbox es una completa solución digital para enseñar y aprender temas curriculares de una manera original e innovadora. Lightbox se basa en las Normas Curriculares Nacionales.

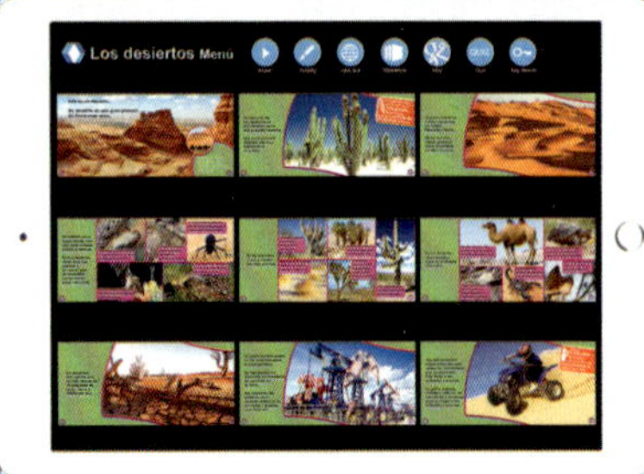

OPTIMIZADO PARA

- ✓ TABLETAS
- ✓ PIZARRAS ELECTRÓNICAS
- ✓ COMPUTADORAS
- ✓ ¡Y MUCHO MÁS!

CARACTERÍSTICAS ESTÁNDAR DE LIGHTBOX

AUDIO Narraciones de alta calidad con sistema de texto a voz

VIDEOS Videoclips de alta definición incorporados

ACTIVIDADES PDFs imprimibles que pueden enviarse por correo electrónico y calificarse

ENLACES WEB Enlaces cuidadosamente seleccionados con recursos seguros para niños

PRESENTACIÓN EN DIAPOSITIVAS Ilustraciones gráficas de los conceptos clave

MAPAS INTERACTIVOS Mapas interactivos e imágenes satelitales aéreas

CUESTIONARIOS Diez preguntas de elección multiple con puntaje automático que se envían por correo electrónico al docente para su evaluación

PALABRAS CLAVE Combinación de los conceptos clave con sus definiciones

VIDEOS

ENLACES WEB

PRESENTACIÓN EN DIAPOSITIVAS

CUESTIONARIOS

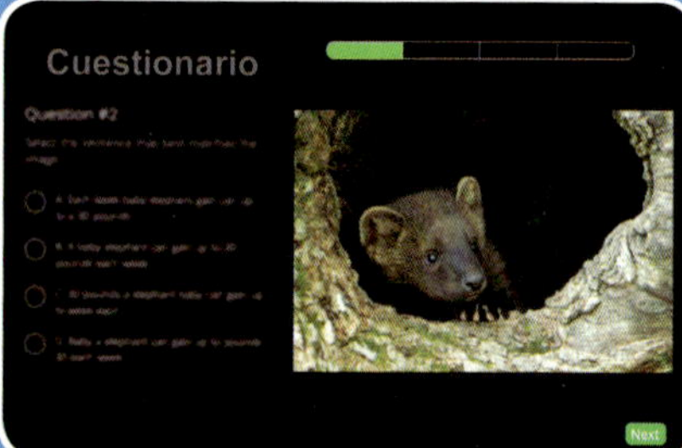

LOS OCÉANOS

Contenidos

Este es un océano.

Un océano es un enorme cuerpo de agua salada.

El océano Pacífico es el más grande del mundo.

Hay cinco océanos en la Tierra. Entre estos océanos están los continentes. En los océanos hay muchas islas.

Algunas islas oceánicas se formaron a partir de volcanes **submarinos**.

Los océanos cubren más de la mitad de la superficie terrestre.

En el océano vive la mayoría de los seres vivos del mundo.

Un hábitat es un lugar donde vive una determinada planta o animal.

En los océanos viven muchas plantas y animales que se necesitan mutuamente para sobrevivir.

Los percebes utilizan a las ballenas para llegar a lugares donde haya alimento que puedan comer.

El pez rape brilla gracias a las bacterias.

Las rémoras comen los restos de la comida del tiburón ballena.

Las morenas dejan que los camarones limpien sus bocas.

El camarón emperador viaja en el lomo de las babosas marinas.

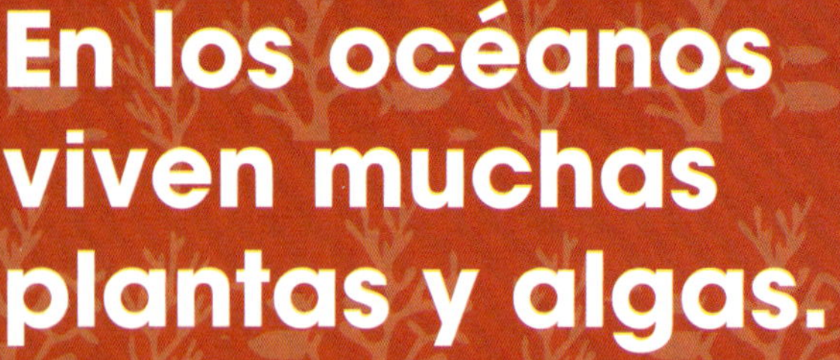

En los océanos viven muchas plantas y algas.

Algunas algas pardas tienen sacos de aire que les permiten flotar.

El musgo irlandés puede crecer en aguas muy frías.

El sargazo gigante es el alga más grande del océano.

El fitoplancton son plantas muy pequeñas que flotan en el océano.

El espagueti de mar crece en aguas superficiales.

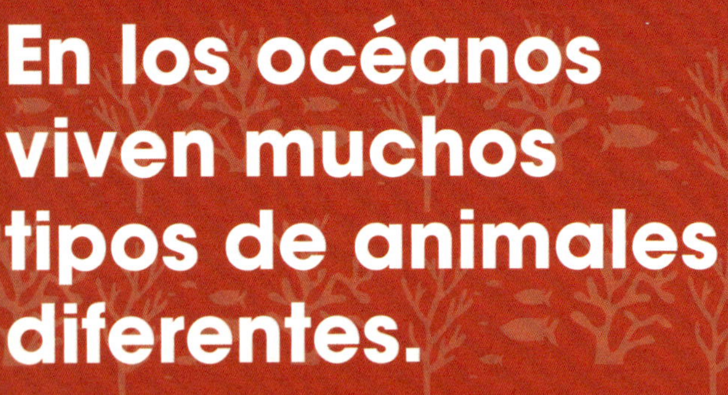

En los océanos viven muchos tipos de animales diferentes.

La ballena azul es el animal más grande del mundo.

Las estrellas de mar pueden hacer que sus brazos le vuelvan a crecer.

El pulpo gigante del Pacífico tiene tres corazones.

El salmón rojo cambia de color antes de desovar.

El delfín nariz de botella es uno de los animales más inteligentes de la Tierra.

Los océanos son muy profundos. En algunos lugares, el agua oceánica tiene casi 7 millas (11 kilómetros) de profundidad.

Los científicos creen que todavía hay muchos animales nuevos por descubrir en las profundidades del océano.

En 2014, se descubrieron más de **1.400** plantas y animales oceánicos **nuevos**.

La gente a veces arroja basura al océano. La basura se acumula en las playas o en diferentes sectores del mar.

Las aves y otros animales marinos muchas veces se enferman por comer accidentalmente esta basura.

En ocasiones, se producen derrames accidentales de petróleo en el océano. Se debe limpiar el petróleo para que las plantas y los animales oceánicos no se enfermen.

La gente puede ayudar a limpiar a los animales cubiertos de petróleo.

Cuestionario sobre los océanos

Veamos qué has aprendido sobre los océanos.

Encuentra estos animales y plantas del océano en el libro.
¿Cómo se llaman?

Published by Smartbook Media Inc.
350 5th Avenue, 59th Floor New York, NY 10118
Website: www.openlightbox.com

Library of Congress Control Number: 2017961912

ISBN 978-1-5105-3358-5 (hardcover)
ISBN 978-1-5105-3359-2 (multi-user eBook)

Printed in the United States of America in Brainerd, Minnesota
1 2 3 4 5 6 7 8 9 0 22 21 20 19 18

012018
011518

Spanish Project coordinator: Sara Cucini
Spanish Editor: Translation Services USA
English Project coordinator: John Willis
Designer: Ana María Vidal

Every reasonable effort has been made to trace ownership and to obtain permission to reprint copyright material. The publisher would be pleased to have any errors or omissions brought to its attention so that they may be corrected in subsequent printings.

The publisher acknowledges Alamy, Getty Images, Minden Pictures, Shutterstock, and iStock as the primary image suppliers for this title.